Koti asuu sisällä

*Rita Gustava
Pulli*

Koti asuu sisällä

Rita Gustava
Pulli

Kirjan taitto: Regina Laitinen
Kirjan kansi: Elif Köse
Kuvat: Rita Gustava Pulli

© 2025 Rita Gustava Pulli
Kustantaja: BoD · Books on Demand,
Mannerheimintie 12 B, 00100 Helsinki, bod@bod.fi
Kirjapaino: Libri Plureos GmbH,
Friedensallee 273, 22763 Hampuri, Saksa

ISBN: 978-952-80-9656-6

Kammionhiljainen, kaarnan säveliksi puhkeaminen

sanat synnyttävät kyyneleet, tai sanattomuus, ihmisten väliset suhteet, arvaamattomat,
sunnuntaisin matkustan junalla vieraista kaupungeista kotiin, Hämeenlinna-Helsinki,
tavailen pysäkkien nimiä, ilmassa on kansanjuhlan merkkejä,

katujen nimeäminen helpottaa kotiin löytämistä

minä en ole sijoittajatyyppiä, sanat sijoitan lauseisiin, asiat yhteyksiin, kirjat käteen,
en ole helposti
toimeen tulevaa   lajia, silti liikun ryhmissä,

matkiminen on ruma tapa näin meille on opetettu, en
noudata sääntöjä, tottelevajalkainen   marssija, runoilijat
          kosivat minua - en
          halua osaksi tyttökalenteria

puu halkeaa,
surut tippuvat terttuina maahan,
syksy on antelias,
ei mitään pelättävää

suru on käyttövoima

reikäisestä tiimalasista valuu aika
hiekka, lehvästön tukka
vihreänä suojanaan

kaupungin katolla
oksat työntyvät savupiipun nieluun

lukot ovat sulkeutuneet, talot autioituneet,
   vuosisatoja hiljaa pysynyt tammi,

aloillesi istutettuna

kuori sulkee sinut sisäänsä, nila,
kaikki nämä vuodet kun olet istunut mykistettynä

kammionhiljainen,
kaarnan säveliksi puhkeaminen,
totisesti syvä, sulkeutunut

olet

Olet täyttänyt tunnusmerkit,
maannut metron pohjalla,
odottanut tarkastajaa tulevaksi

ihmiset virtaavat ohitse
pysäkkien korukirjailtu virta
siiviksi kohoavat räystäät

linnut laskeutuvat taivaista
nyppivät riekaleiksi pelloilla
kasvavat jättimäiset ihmissilmät

Uni on varattu vain enkeleille
kivisillä patjoilla
mutta te poltitte tuhkaksi unen hauraan talon,
kärkevillä sanoillanne tukahdutitte
hellät kädet
uni on enää enkeli joka
puhalluksesta hajoaa

Kasvosi ovat sateen juovittamat vanhan miehen kasvot
satunnaisessa ohikulkijassa kohtaat liian nopeasti
kuluneen menneisyytesi.

lapsesi on vahvassa talossa terässiipien ympäröimänä
jonain päivänä avaa muistoilla kuvioidun oven

vanha mies kädellä,

syksyinen lehti,

hento ja harmaa
silittää sinua, selkärankasi
katkeaa
jokeltaen
murrut
maahan

rakennevika, rakennevika!
mikset pitänyt panssari
vieraan sisään päästit

                              kerrostalon   rapuilta   toin
mukanani
                  käärmeen
                              ruokin
sen ja
juotin
                              kiitokseksi
se
surmasi kun   käänsin selkäni

                              aamuruohoon
katkesivat kynteni

                              sinä olit herkkä vihreä kissa
                              joka käveli ihmisjaloilla

Yöstä löytyi aamu jota etsin

virtaavassa
vedessä
pesin sen lapsekkaat kasvot
vein talooni

sinä päivänä ei surulla ollut sijaa

odottamatta
hauras
repeää

linnuiksi,
kätesi
taukoamatonta havinaa

                    sinä minussa,

                                        minähimmeyteni
ääriviivat   puhkeamassa

                    kirjaimiksi

              hiivit
              sisään
    silmäkoloista,
                    pesit
      kallon   juonteisiin,
                                        ihon
    poimuissa
        henkäyksesi
        silkkiä
                    asetut
          minuun   kuin kotiisi,
                                käyt muka
jälkiä
          jättämättä

                    junan
      ikkunasta

      kiskojen
            haukkova
hengitys
        ja

        ohikulkeva   punainen

                              asemarakennus,
                              linnun jäljet lumessa

                              sinun silmiesi metsä
                                  taivaan huikaiseva
välähdys

                              maisema

                                  jää

                                  Syljen
                  hampaat
suusta
kuin   tavut,
                                  kohmeloin
        nimeäsi.

        Lauseeseen hengitän
                      metsän vihreän,

              joelle
ääriviivasi, vartalosi
                  vihneen,
                          kadulle silmiesi
                  timantit

levittämään maan
tietoa.   Niin minä sinua asutan
              kuin taivas, tähdet.

                                                            Kun
                                                            sinä

minua
katsot,
                                        silmään
                                     puhkeaa
                                     katu
                                  maisema
                                        kulkee
                                              uusin
                                        askelin

pellot
                                        kasvavat
                  erilaisin
                              äänin

pihat   kukkivat
            tavuja   umpeen.

                                     talomme, tukeva
                                     puoluekirja,

siloiteltujen   polkujen
mehiläistarha
                                                          päivät
suoristetut
            lakanapinot,
                                                    hyvin järjestetty
astiakaappi

häiriötön tv-lähetys
väreinä
musta

ja

valkoinen

minua
ei häiritse,
vältän
oikosulut
ja
sydänesteet,

päivien
paino   palmikoituu
sulkee
kukkimisen   kentät

aamumme loputtomia
takaumia,

kaurismäkeläinen

inferno

vuodet

huuliin   sinetöity

joudu jo
sydän hellä
autio maailmanympäryksen mitta

                    Odotat, että katu havahtuu, kirjoitus. Kirkas veitsi, ohimosi,
laivat ja   satamat. Samalla juot, kahvia ajattelun,
että juot kahvia. Kaikki on.   Esineet. Linnut.
Lentävät ikkunoista, kevyt ilma hajoaa, avaa yön
saranan.

                    runous

                           kivensirussa
                    avaruus
                    valo

                    tulvii

puissa
                         rinteitä astuu
         Odysseus
                            kirsikkapuiden
huuto
                             ohimoissa

                      nurinnäkemisen
            silmät
               repivät
     taivaankannen,
                       kuulen
liljojen
     puhkeavan   kukkaan
                katukiveyksen
        reunan

aukeavan   lähteen

                                        muuttuu
metsäksi   kieli, kiveen
              neulottu

vihreä

                              sataa

                              -
                              -
                              -
                              -
                              -
                              -
                              *
                              *
                              *
                              *
                              *
                              *

                                        pian kirjoitettu
                         muistiin

siloiteltu   paperi
                                     arkun
          hiljainen
                  täytetty

                                                unen oksa

              hiljainen

temppeli

et ole

                        pääsemätön

                                            revitty
                        metsä

        silmät irti
                tuuliviiri
meressä   halusi
                        peili

                                                Talvi, pimeän olomuoto,
                                                istuttaa sydänruohoa,
                                                salattua kasvillisuutta
                                                tekee minusta
                        jäätyneen kellotornin,

                                                    kiinnikkeitä vailla.
                                                Rautaohra sataa pimeää.

                                                Musta morsian
                                                syö kaikki väkeväsilmäiset
                                                lintuni.
                                                Valo kirskahtaa säveliksi,
                                                asustaa kallon maisemaa.

                    Kun muita kavahdan,

                                        itseäni.

                    Universaali

                                        puhuu
linnut   kuviksi,
          valo   loppuu,
                    ihon
                              viimeiset
juuret.

              minussa

                    kasvaa

          iätön

tammi,
      siitä
lähtien   kun raotin
          lukkoa,
avasin   silmän maistamaan

              poltetun kaupungin kaskisavuja

tammi   tahtoo

          kavalat

          valjaat

              irti

Tutkittiin koko olemus, tehtiin malli. Toiminnanjohtaja oli
sanonut: nuo sata
pois, tuo yksi tilalle, saadaan kaksinkertainen tuottavuus, rahassa
laskettu   enemmistö. Mentiin itseen: pistettiin
myyntiin monissa marinadeissa uitettu
puhelias massa.

tuuli kova ja vihlova
pesii sydämeen:
raaka teräs liikkuu
kaupungin kaduilla

tummiin pukeutunut komppania vaeltaa
varoo koskettimena oloa,
koskettamista,
uskoo
rahan   kiertoon,
taikaan
valuuttaan

kadulle
lentää
pyövelinkädet
sylissä

tänä   yönä   olen   siivekäs,
sukupuoleton hauki,
käyn
kaikkiin   verkkoihin
en
mihinkään
Tuomiokirkon kupoli
loistaa
sileä
terskan terälehti
tukka harteilla

tanssitan kaupunkia

porttikongin

pimeässä

halaan

puun sukupuolta

näkemisenhopean

valssattu mykiö

taittaa kokoon pimeän

lukee tähtien kirjoituksen

Surunsyvä, aamunhehkuva

teknoluolan hämärässä psykedelia

tarttuu jäseniin, heitän reiden toisen

yli

nappaan pillerin, pian sininen

kiiltomato

ryömii olutlasin pohjalla

vapaus loistaa Damin silloilla

pyörä kulkee kiivaasti

yön ahnaat kurkottavat kohti

tutustun luulemaani tyyppiin,

vietän lasi-illallisen

pannaan

toisaalla, aina uudestaan

aamuista en muista

PÖRRIÄISET

Istuttiin baarivaunussa Turusta Helsinkiin. Minä, Mia ja sen kaveri. Tehtiin Grace Kelly-
poseerauksia, huvitettiin konduktööriä. Se oli oppivainen, koppasi lakkiinsa joka kerta
ohittaessaan.
Mia pörähti tiskille kuin kärpänen aurinkolasit silmillä. Juotiin olutta, vähän konjakkia.
Puhuttiin,
humalluttiin. Saavuttiin asemalaituriin. Ilta piirsi pimeää ympyrää laiturin tasanteelle. Valo
viilsi
vasten silmiä. Lähdettiin kukin suuntiimme.

kieli   kiveen
            neulottu
  kivun   kuva

                              tähtäin
                              itseen
                              eksyy
                              aina

jos surunsyvä
                    olisit, jos
            aamunhehkuva

Yön morsiamet tanssittavat sulhasta
  mielivaltaisessa järjestyksessä
riisun hänet
ja jätän kalliolle nuolemaan

runoilija, se vain
  kasvatti   aistejaan
neljän tuulen
hatun
alla

tummuudesta nukuin unen

                        nukuin unen,

puut nukuin, veden, hiekan,

                     nukuin puut, veden, hiekan

oli unessa

          aurinko

             unessa oli aurinko

maa savun muotoinen

          savun muotoinen maa

kärsimyshiljaisuus,

tuuheat   lehvästökasvot

Vietän syntymääni, tuulee kaikista ovista sisään.
Tuulinuoskaa silmille, joka päivä ilmaa
ihmeellistä siivilöin, kompastun kadun
tädykkeisiin, silmät aukeavat, aukeavat.
Kirjoista kasaan muuria maailmaa vastaan.

Koulun penkille juurrutettuna saavutat kirjan
ja muistin katsomuksen. Vaihtoehtoiset
näkökulmat hankitaan meren kiivaissa
jarrukohdissa, pimeiden salakapakoiden
nurkissa. Tai öissä, satunnaisissa
kohtaamisissa. Nopeassa unohduksessa.

Minä synnyin routaiseen maahan, outo kalalaji,
kaikki ihmettelivät kun kasvatin suomuista
itselleni siivet, lähdin luvatta lentoon. Olin
aurinkoni, kaikkivoipainen, syntyneen
linnunradan sisällys. Outo kalalintu, ei löytynyt
kirjoista.

Että tämäkin tapaus: hämärä sukupuoli, täyttää naisen
tunnusmerkit, feminiiniseksi luokiteltu. Alkanut epäillä.
Tyytyy riisuttuun ilmaisuun: kynään ja paperiin.

Olet jättänyt syvän jäljen vuoteen sinun puoleiseen osaan
    sopimus on irtisanottu
jälkeen jäi vain toinen osapuoli
Tyhjä tila on täytetty kiukkuisilla huonekasveilla,
    hampaat pureutuvat luuhun

Mäntyjen asuttama,
vieraat kirjoittavat nimensä runkoosi jääkirjaimin.
Ääntelet riimukirjaimia juoksuhiekkaan,
tavoittelet kuulijaa.

                    Neonvalohehkuun   synnyt,
hetkessä   leimahdat   pois.

                    Runeberginkatua kävelee
patsaan muotoinen   harmaakasvoinen mies
syksyn   lehdet havisevat   kuin historia
         tallataan   monumentaalisin
     askelin
puista   alas   asfaltille.
Kadulla   kasvavat   uudet
           kirjanoppineet,
nopeat,   raa'at.

Päätin ryhtyä triseksuaaliksi, lehdessä
kehotettiin niin. Ei enää turhia kieltäymyksiä, kaikista
hedelmistä on nautittava, siinä sanottiin. Avasin ovet,
tuuletin ummehtuneita paikkoja. Ruusu rytisytti
sängynpieliä. Huoneisiin käytiin etu- ja takapuolelta,
ylhäältä ja alhaalta. No limits, sanoi artikkelikin. Rymistystä
jatkui kunnes lehdet alkoivat kehottaa panseksuaalisuuteen.
Päätin rakastaa elollista ja elotonta luontoa. Mielen tuli olla
laaja kuin horisontti. Luovutin.

Geishapalloista itselleni
kodin kasasin,
muilutin, muilutin,
perille sauvoin.

Tahdoin tankoa tanakkaa,
tiineetä mesisuuta,
uhkeata laulajata,
oman pallon pyörittäjää,
reisivaon kutkuttajaa,
riemuraon rämpyttäjää.

Seinät ovat täällä,
minä en.
Ikkuna terottaa kynsiään,
tv puhuu joutavia puhelimessa.
Naapurin radio tulee kysymättä.
30 m purkitettua ilmaa,
ainoat vieraat
juokseva vesi ja puhelinlasku.

Sinkkuohjeistetussa yksiössä liikkumisen rajat sääntelee katsedirektiivi 8/309. Katseet sivupöytiin kielletty aterianmenetyksen uhalla.Sallittu ainoastaan katseen nosto kirjan sivulle, satunnainen ateriointi. Liikuntaa tulee harrastaa, se kohentaa kuntoa. Hedelmien nautinta luvallista; rasvaista on vältettävä. Noudatettu suunnitelmatalous takaa tehostetun tuotantotahdin useiksi vuosiksi eteenpäin. Tuotantopotentiaali on sataprosenttinen kun häiriötekijät on minimoitu. Direktiivi on käytännössä tehokkaaksi testattu, ote yksinäisyydestä pitänyt.

puut avaavat   utuisat

    silmäluomensa,

luovat   katseen   alas

    mustaan   katuun,

kadun korva   tallentaa   maisemaa

tuntemattomat   silmät kattojen yllä

sulkevat   piiriinsä   aikuiset, lapset

Tamperelaiset runoilijat vaikuttavat kummallisilta. Ojakadun vohvelikahvilassa
ullakkohuoneistostaan poistunut Eeva-Liisa Manner tapasi tilata kahvin Coca-Colalla.
Tapahtumien yössä, kirjastotalo Metsossa Kari Aronpuro mumisee runojaan mikrofoniin.
Eletään tätä päivää. Seksi
on ainoita sanoja, joista saa selvää. Hermostunut, epävarma mies. Panu Tuomi on jäänne
barokista,
ajalta jolloin musiikissa oli selkeä rakenne. Osasilla oli paikkansa kokonaisuudessa.

Päiväni alituista verkon silmän repeämistä.
Aamuisin halla hengähtää päälle, paljastaa
läsnäolon poissaolon.

Imen kuumeisia sormia, kynnet valjastan
mannerten valtauksiin. Päivieni
meripihkan säilön hillittynä olemisen
kirstuun.

Uskon: yhdentymisen tunteet toteutuvat
vain poliittisessa ja taloudellisessa liitossa.

Kullervo leipoi leipään kiven, minä leivon
kivestä leivän, tarjoan sitä kenelle
tahansa. Sanat perkaan auki kuin kalat,
huudan julki totuuden.

Se on minun! Verkkoa revin
voimallisesti, riuhdon ja temmon.
Kalat, kaikki säihkysuomuiset,
kuoriutuvat tummiksi lokeiksi,
karkaavat. Turhaan.

Jos
  talolla on korvat,

se
  kuulee yön liikahtavan

kun
se   minua

Metsässä iloonsa kengitetty koivu tanssittaa kumoon
lajitoverinsa. Kyytiä saavat niin männyt, kuuset kuin
pensaikot. Sen villitystä on paras varoa. Hullaantunut
koivu tempaa piikikkään koivun tanssiin.

                    Joulu   on se aika vuodesta kun kuusi vedetään esille
                    kaapista. Lapset juurrutetaan ympärille, piirileikki on
                    ehdoton. Pöytä notkuu sikaa, juodaan kuravettä päälle.
                    Sukulaisten vuosikokoontumisessa vanhakin jo nuortuu.
                    Piiri pieni pyörii, samaa rataa hyörii.

Eksyin poluille, joille en sallinut itseni harhautuvan,
unettomille sivukaduille, niillä liikkuivat homot,
virallisesta ilmeestä poissuljetut.
Vasta heidän seurassaan tunsin elämän täyteyden,
vivahteet, häkistä vapautetun eläimen kaipuun
kahlitsemattomaan luontoon.

Tieni veivät kaupunkien porttoloihin, kiellettyihin
kahviloihin, aina odottaen suurinta täyttymystä,
joka kerta kokien pahimman pettymyksen.
Valmiina eksiytymään sydäntäraastaviin
seikkailuihin, repimään irti tuon sykkivän,
tunteita kahlitsevan elimen, huutamaan, itkemään,
tunteilemaan jonkin häkkiin suljetun kohtalon
ylittävästi.

Mutta aina pahiten pudoten kuvitelmistaan
alas,
rintaan ammuttuna, syvästi haavoitettuna
lasinhauraana yökulkijana, vaarallisena korppina.
Liian tuntevana, silti vaikeasti lähestyttävänä,
herkkänä kuin muinainen vaasi, ennakoimaton kirje,
papyruksen ratkaisematon arvoitus.
Vaikeana avata kuin hieroglyfikirjoitus,
aina kuin nupuillaan avautumassa oleva ruusu,
silti koskaan täysin avautumatta.
Mysteeri on rikkumaton.

Olen se surullinen kello, kumisen yksinäni.
-Anna minulle tänä päivänä minun tunteeni,
olen sen ansainnut.-
Törmään vain tuntemattomiin yhtälöihin,
 ratkaisukaavat olen kadottanut-
väärät ihmiset virtaavat lävitseni
kuin päihdyttävä juoma-
ja minä humallun niin helposti!
Kaupunkini voisi olla kuka tahansa
koska tahansa missä tahansa
-Äläkä saata minua kiusaukseen.-
Olen linnoitus, joka päästää sisälleen viholliset.
Kaadun oman käteni kautta.

Puhun havujen kieltä,
puu ymmärtää.

Olet kesäni, saat puun
kukkimaan.

Astun sinuun kuin
sienimetsään,
palasen. Huudahdat.

haukkaan lakistasi

Varistan lehteni.
Olen päättänyt kasvaa korkealle!
Koverran pesää puun sydämeen.

Huojumme molemmat kun tuuli ravistaa.

Yö on   sitruuna,   keltainen
                    pirskoutuu   viiniksi
yön haavassa

                    Paiskaudun kaupungin ikkunaan.
Hauras aamu   kelluu   kahvin pinnalla
     kumoan   sen
kuumuus   valtaa.

Tasoelimet oikealla taajuudella

Se on kouluja käynyt, koulutettu. Oppinut puhumaan kieliä, käsittelemään numeroita. Usein se saa pukuasuisen miehen hahmon. Uraputken pituus kohdusta hautaan, sillähän on nimi. Teatterista se hakee kokonaisvaltaisia elämyksiä. Se ei osta sikaa säkissä. Sitä varten järjestetään festivaalit, jonka liput ovat kalliit. Suhdanteet sanovat mitä musiikkia soitetaan. Se ei kavahda modernismiakaan mutta eniten se odottaa väliaikaa. Silloin verkostoidutaan ja vaihdetaan elämystietoa. Sen punainen jaguaari saa minut ihan vihreäksi.

Virittäkää tasoelimenne oikealle taajuudelle, luvassa tasotonta viihdettä. Tasoelin keksittiin kun elintasosta luovuttiin. Digitaalisen kuvavirta käy läpi joka kodin, huomioi myös liikuntaesteiset kohderyhmänään.

Oman elämänsä sankari ulkoistaa ihmissuhteet liiketoiminnan järkeistämiseksi. Suhteet hoitaa avaimet käteen-periaatteella Edistää markkinointia, pistää lihan myyntiin. Tarjolla hyvin marinoitua, monet marinadit läpikäynyttä puheliasta massaa. Olla arjen poliitikko: ostaa tunteet halvalla, myydä kalliilla. Ihan pinnalla ei pääse tuntemaan. Sulkeudun kaikilla mukavuuksilla varustettuun akvaarioon, rehevöityminen alkaa, kasvaminen yli rajojen.

                                        Tuotan juopuneen jokellusta.

Kaupunki lävistää minut.
On kuin hengittäisin.

En koskaan päässyt perille. Koitin eri numeroyhdistelmiä, kaikkia mahdollisia koodisarjoja. Jopa tiirikkaa. Se vain pysyi visusti kiinni. Sinä tulit, käytit sormien magiikkaa. Väänsit tahdistetun vieteriukon käyntiin. Kuori aukeni, tunkkaiset yöeläimet valuivat ulos yksi kerrallaan. Niiden muoto oli outo, minun muotoni. Mikset pitänyt panssari, vieraan sisään päästit.

Minä kuljen katua takaisin edes, muut sentään edestakaisin. Kello antaa kävelylle juoksun tahdin. Pysähtyminen ei kuulu elämäntapaan. Tunteellisessa keskitysleirissä murhataan päivä kerrallaan. Valoisalla kuljen suomut silmillä, vältän neonvalohehkua. Vyöryn metrotunnelin kitaan, vilkutan silmää. Saan kokea kuinka minulle vastataan. Haarniskan vuoraan lasivillalla, kiinnitän kyltin: käynti kielletty! Tarpeen tullen repeän sujuvasti auki, asetan sisäelimeni turhaan näyttelyyn. Vain yö on kasvamisen, nahanluonnin aikaa. Silloin suomut putoavat, avautuu unen sarana.

TEHDAS

Tiiliseinä tukahduttaa rattaiston paukkeen. Rattaat takovat sarjaa. Kun seinät ovat tukevat, ne eivät päästä huutoja läpi. Huudot pysähtyvät puiden kudelmaan, jäljelle jää sarjanteon ääni. Valtavassa tehdashallissa kulkee lukuisia portaita ylätasanteelle. Sieltä näkee yli laajan tilan. Halliin pätevät omat säännöt. Meistä on tullut osa jotain suurempaa, olemme saaneet tarkoituksen. Yhdessä olemme enemmän kuin yksi työvaihe, suurenmoinen lopputuote.

Tänään hain postin kymmeneltä aamulla kuten ennenkin. Laatikossa oli kirje tuntemattomalta lähettäjältä. Kääntelin sitä kauan käsissäni, yritin tutustua. Se kun ei näyttänyt kirjeeltä lainkaan, pikemminkin rutistuneelta syksyiseltä lehdeltä. Postimerkistä ei selvinnyt lähetysmaa. Siinä lintu kokeili siipiään. Mietin kauan, uskaltaisinko riskeerata. En uskaltanut. Kauan kirjeen saapumisen jälkeen tajusin kuinka väärin olin toiminut.

Astun   sinuun kuin   metsään
  vuolen   viiltoja   kaarnaan.
Murskasit   kiviä   kantapäillä,
  kätkit   taimet   sisääsi
silti kiinnityin   sinuun.
Hämärässä silmät   kasvavat kuulemaan hengityksen
silmien   kohdalle piirrän   tyhjät pallot,
väritän ne   vihreiksi.
Huonekasvit   täyttävät   huoneen,

syövät   ilman.
Katson ikkunan reunalla
putoamista.

Poltat seinään reiän kuin aurinko,
asetut taloksi huoneistoon.
Yövyn keskellä loistetta,   päivynkin.
                    Yö on   sitruuna,   keltainen   pirskoutuu
          seinille.
Sahaan   silmistäsi säkenöiviä säröjä:
etsin   tilaa   olemiselle.

Olet jättänyt vuoteeseen   syvän jäljen.
Seuraat   minua   luentosaliin.
Päivien vihko täyttyy poissaolostasi.
Suruni
hehkuun
aurinko
laskee.

Bussin nytkytys,   olet   liikkeellä:
tylsyyden aavasafari ratsastaa
arjen mustanaamio kulkee läpi loistavan viidakon.
                    Sikatyhjää puhetta,
standardoitu nenä-ääni,
teurastat paljon nuorta lihaa joka   saapuu kutsumatta korviin,
                    sivuäänet   valtaavat   sydämen.
Ritari Ässä   nousee   sisään
vinkuu iloisesti ympäriinsä,
sille vastataan.
          Liikennemerkeissä   kivität   bussin kuoliaaksi.
Pysäkki astuu kuin polttomerkitty vasikka, alkaa puhua.
Vastaat niin kuin vasikoille vastataan.

Metsä nousee korkeuksiin kuin temppeli, tavoittelee taivaan käsiä. Puut heiluvat tuulessa,
lehdet putoavat. Hiljaa kuuluu syksyn laulu. Toisella puolella metsää näkyy meri,
tyrskyävät aallot ja ranta, joka jatkuu loputtomiin. Tässä osassa elää hän, jonka ainoaa
seuraa ovat lentävät linnut. Illan pimetessä kuu purjehtii taivaalle. Hän ei tiedä kenenkään
muun läsnäolosta. Vastakkaisella puolella asuu mies, jolla on näkymä kaupunkiin.
Tehdaspiiput työntyvät esiin kuin äkäinen hallitsija, valtaavat kaupungin alaa. Miehellä on
seuranaan valo ja uskollinen koira, jonka kanssa hän joskus metsästää. Kumpikaan ei ole
yrittänyt metsän rajaa.

Ikkuna muuttuu henkäyksestä huuruiseksi,
                      sormi syttyy tuikkimaan lasiin.
Hän käyttää lumen   valkoista takkia kuin sairaalassa.
Majakkavalo   etsii   rannikkoa johon törmätä,
                      aaltojen syvällistä puhetta
vakavasti otettavaa   Sinää.
Hän   on väärin kohdistettu nokkalintu,
lohkareenmurtaja,   vierittää   sanoja
Raatihuoneentoreilla.

Kuka kurkistaa ikkunasta,
antaa huoneelle värit
tai kertoo tarinaa,
valaisee maton pimeät juovat.

Kuka valaisee kasvonsa,
loistan kuin aurinko
siivilöin paperille kiloa.

Suruvimma laskeutuu päälleni,
armollinen lumi.
Silmät outoa nahkaa,
taivaan tukka harteilla
tanssitan kaupunkia

Runous sai vastaantulevan nuhjuisen mummon hahmon, pyysi lanttia.
Etkä antanut. Kuinka se kimmastui! ja antoi sinun kuulla kunniasi.
Höykytti sinua kuin hylättyä rukkasta. Ettet osannut antaa arvoa sille ja
sen pyrkimyksille, senkin kasvatti. Luotit vain siihen että se pysyisi
hiljaa päivittäisen sosiaaliavun saatuaan. Olisit valmis eristämään sen
laitokseen, pumppaamaan täyteen lääkkeitä, tekemään hiljaiseksi. Etkä
edes katsomaan tulisi, vanhempaasi. Niin vain hylkäisit kuin käytetyn
bussilipun. Mitäs siihen vastaan mutisit.

Merenkulkija seilaa läpi Punaisen meren, Mustanmeren, Valkoisenkin. Hän on kokenut
suolaiset ja makeat meret. Nähnyt majakkavalon loistavan temppelin huipulla, valkoisen
ja mustan suutelevan toisiaan, pimeyden halki virtaavan joen yltyvän meren pauhuksi. Hän
on tehnyt tyhmyyksiä ja viisaita tekoja, koskettanut kiinalaista tietäjää. Eikä hän vieläkään
tiedä missä sijaitsee maan ja taivaan risteyskohta, tie jota pitkin kuljetaan unen valtakuntaan.
Hetki, jolloin taivas saa silmät, pimeä parsii kankaaseen tähdet.

Kun ilmassa leijuu ruudinsavua ja tiedät viisarin edenneen, edelleen sateenkaaren värit
verkkokalvollasi. Television ilotulitukset räjähtelevät milloin New Yorkissa, Tokiossa,
Ateenassa. Mutta aika on padottu pato, jota et saa virtaamaan nopeammin. Yhä elät
ruudussa vaihtuvaa kuvaa. Saippua vaihtuu sujuvasti vakavaksi, formaatti on ylikansallinen.
Kaupungissa risteilee kaapelikanavien verkosto. Sitä pitkin saapuvat nuori hymyilevä mies
ja silmää iskevä nainen. Nuo tähden lennot, tulevaisuuden lupaukset.

Hän näkee jälleen sisäänsä, silmiinsä kauan kadotettuihin. Niihin, jotka ensimmäisen
sokeuden koettuaan matkasivat yli metsän, kaupungin. Vastaan katsoo eläin, joksi hän ei
uskonut ketään. Monimielinen, viekas katse. Hän pakenee olemusluonnettaan. Tarpeeksi
kauan kuvaansa nähtyään hän alkaa ymmärtää miksi kaupungit ovat kurjia ja lakeja ei
noudateta. Slummiutuminen on väistämätöntä. Sekasorto on sisältä lähtöisin, lihan
onnettomuus. Hän vakuuttuu myös siitä, ettei ole ainoa.

Laiva on olotila, johon saavut astuessasi kannelle. Se on kimeä huuto läpi hyttien,
aamuinen myrskyherätys, harhailua läpi näyteikkunoiden. Laululle löytyy rytmi diskosta.
Täällä näet kansan huvit: työntää pää pönttöön ja imaista. Kansan huviranka heiluttaa
laivaa edestakaisin. Satama on aina yhtä kaukana.

Käden ranka laskeutuu   otsan kehikolle,
  piirtää   hahmosta luonnoksen,
tallentaa   negatiiviin arjen miekanpistot.
Ripsien   purje kämmenellä,
suljet   vieheen, rystyset yksi kerrallaan
kuin   verenpunainen aurinko
          katoan
uumeniin.

Niin vakaa kuin auto on,   on iloni,
kaikki sen vivahteet. Osaan   rakastaa
kuin rekkaäijät,   raapia   viihdettä kurveista,
renkaan   räimeestä.
                  Nauttia   tuulilasiin jääneestä kädestä,
  äänestä,   jonka jätät kun ovi läimähtää kiinni
etääntyvästä   selästä piirtyy pimeä ruoska.

Nyt käyn varjoisiin lehmuksiin
onnen hehku kengissäni.
varjoisissa lehmuksissa
onnen hehku

Hesperian puistossa käy tuulenviri. Katulyhtyjen silmät tuikkivat kuin arvoituksellinen
varis, joka katsoo ikkunasta sisään. Pullo rikottiin puiston penkkiin. Varisen lehtiä jäljiltäsi.
Aamu on ripustettu väkivaltaisesti hyisille oksille, maahan piirtynyt tuimia kengänjälkiä.
Pikkulinnut ottavat jäisessä maassa ensi askeliaan.

Tänään taas turvaudu peittoosi, pure sen reunoja. Rehevöityminen alkaa, kasvaminen yli
rajojen. Vedä pään yli. Sulkeudu kaikilla mukavuuksilla varustettuun huoneistoon. Sama
lähetys päivästä päivään. Mihin se oikein sulkeutuu, mitä pelkää. Puhelin pärisee kuin
lujaääninen pyöveli. Naapurit kuiskaavat seinän läpi. Autot kurottavat ikkunoista sisään.
Surun pyrstö lakaisee huoneiston.

Siskosi varpaat   haisevat hielle,
    kertoo nuori mies kännykkään
ja juna mataa ohi Kirkkonummen harmaan talotasanteen,
        Espoo: Hotlips welcome
            tönöt eivät sen kummemmat
                    ajamme   ohi auton, autojen.

            Lähiöissä valmistellaan murhaa
kun sitä ei kotiinkuljeteta.
Tämä on tv-poliittinen kannanotto.
                    Taakse jäi Turku, kirjakahvila
älyilevä Parkko, Tapani Kinnunen   vaihtaa sukkahousut Zorron hattuun
        Aartoma rohahtaa sohvaan,
            puuskuttaa veturi,   lemuaa viikon viinaääni,
                syvä kurkku näkee Pauliinan tarkasti:
virkamiestäti silmälaseissaan.
                    Haasjoki kyseenalaistaa itsensä
ja monet muut:

            kuinka moni uskaltaa hypätä noin vain lavalle,
                        löytää ison tuopin edestään
juna määrää tahdin

Paistinpannu puhuu

Lapsi,
meidän suhteemme on toimiva.
Minä puhun, sinä olet vaiti.

Kun kiukkupussi avaa suunsa, alan kirkua.
Käytämme paistinpannuja. Tarpeen tullen veitsiä.

Sana painuu syvään juuristoon.

Korostan, että naukkaan vain silloin tällöin, en turhan usein.

Toimiva suhde on kuin alkuaine.
Kulta on kultaa ja hopea hopeaa.

Isket hampaat koipeen koira, retuutat läpi taloa.
Olet kookas tammi, kasvat läpi pään.

Perustat haarakonttoreita sisuskaluihin,
muutat luvatta asumaan.

Vertaisinko sinua veteen, sen muuttuviin olomuotoihin.
Miten saisin otteen määritelmiä pakenevasta?

Käännytän kuin hullu lähetyssaarnaaja.
En saa sinusta ystävää.
Hento otteeni arjesta.

Isä ammuu laitumella.
Äiti lypsää lehmän.
Tyttö tekee siiasta keiton, se on maukasta,
piikit takertuvat kitalakeen kiinni.

                         Piha kasvaa pimeyttä umpeen,
ovenkarmit jäätyvät,
          kaivinkone ujeltaa korvan juuressa,
     huoneet kävelevät lävitseni hidastetussa elokuvassa
                    en saa   otetta tästä pimeydestä,
se täyttää minut.

Säteilen olematonta hidasta valoa sisäänpäin.
Jos jotakin tavoittaisi,
silmiesi lähdön ilmeen

     UNIRUUHKA

Saippuoin tunteet
          peiton alle,
eivät tule esiin usuttamalla.
          Sydämen   hullut päivät:
Kolmen sepän patsaan alla
kaksi hellää repii kiihkoissaan toisensa auki.

          Lämpimintä   on koskettaa kello neljän ruuhkassa,
toivoa jonkun näkevän silmä.

Tuhansien postiluukkujen maassa
olet vain nimi oven selässä,
niputettu numerotunnus
                    tai kassan tunnistama koodi

olet oppinut muistamaan   vuosiluvut,
ruokaohjeet & rakastelureseptit,
joka ilta tv:ssä   mainosten ilotulitus
lööppien vapauttava testamentti

olet suodattanut itseesi tietoa, tietoa pois
            takana ovat ajat   jolloin käpylehmät

kuinka kaukana   meistä metsä,
meren hulluus

            Surukukkia täynnä   linnoittaudun huoneistoon,
suljen korvat kaupungin hälyltä
            kavahdan   ystävää,
näen ruususilmät vihollisina
                    autot   kapuavat kainaloon

Vuosia olen yrittänyt poistaa kurkustani palaa. Sylkeminen, yskiminen tai huutaminen ei ole
auttanut. Pala on kasvanut läpi pään ja huojuu laella kuin jättimäiset tuntosarvet. Kiinnitän
huomiota kadulla. Kompastun rullaportaissa. Eksyn marketeissa. Päädyn hedelmäosastolle
banaanin ja kurkun viereen. Kolikot putoavat taskuistani käytäville, myymäläetsivät, nuo
kopeat kerjäläiset, seuraavat minua. Kassalla olen kykenemätön maksutoimintoon.

En hallitse tätä jyrkkää kieltä, kevyitä sanoja. Tuskin tunnen lööpinkeltaisen. Haluan
yksinkertaista, satuttavaa puhetta. Usein puhun väärille ihmisille. Tv:ssä säkenöivät ankkurit
yrittävät tunkeutua huoneisiini. Käännän kanavat kiinni, poistun hälystä. Suuntaan
täydelliseen tyhjiöön. Olen kova luu järjestelmän rattaissa. Vieras näissä kuvioissa.

VARJOSTIN PEITTÄÄ HELSINGIN

Läpipäivä kelluu Töölössä,
pilven hohtava varjostin laskeutuu harteille.
Sunnuntaisilla kaduilla   kiirii tuulen ontto kaiku:
   kukaan ei vastaa   puhelimeen,
ainoastaan mainokset tavoittavat kaikki.
Hammaslääkäri ja lihakauppias sulkevat ovensa,
kadut pelästyvät vuodenajan muutosta.

Kahdeksikko vierailee epäsäännöllisemmin kuin tv-luvantarkastaja.
Lehmus menettää kätensä syksyn inventaariossa,
eloton kasa juurella.

Astut sisään varmana reitin oikeudesta.
Tullimiehen varmuudella koettelet kaupungin rajoja.
Kuinka Kallio vastaa kun siellä huudetaan?

Maa hengittää, lehdet lentävät ilman halki. Ilmassa höyryää mullan haju. Myyrä nostaa päätä
kolosta, jonne ei uskonut mahtuvansa. Lavastus on täydellinen: lipaston hylly puoliksi auki,
tyhjä lasi yöpöydällä. Sen puoliso on lähtenyt metsästysretkilleen. Myyrä ravistaa mustaa
turkkiaan ja poistaa lasin. Sitä ei enää käytetä. Kaappi avautuu uuteen aamuun

Kirkas äidin sydän sammuu lakkaamatta

Ruoho nostaa voipuneen pään
katsoo   kuinka muurahainen vierittää kiveä kohti kekoa
unikon lehdellä   kimmeltää perhosen kyynel

Neulanen   putoaa halki samettimullan,
   kuusen oksa   ojentaa kätensä huudoksi auki

Helsinki istuu sinuun keskellä katua, säteilet keinovaloa, huudat: Olen täällä! Poimikaa minut! Kapakan tuntematon pyytää pääsyä viereesi. Annat sen tapahtua. Antaudut hetkelle. Uskot illan kestävän. Aamu tulee aina.

Vedät kärpäsiä puoleesi mutaisen lietteen lailla, keittiön tunkio tursuaa hylättyjä juomatölkkejä. Olet avoin markkinapaikka, tarjoat pääsyä salaisille sivuille. Heität itsesi vakavasti peliin.

Metrotunneli täyttyy rappareista. Hupparit heiluvat rennosti ilmassa, huolettomasti keikkuvat jalat. Turhaan kuokit näissä bileissä: taajuus on toinen. Haluat pysäyttää tauottoman toisteisen kulkuvälineiden virran, askelten kiireisen jatkumon. Ontto kaiku nousee liukuportaita ylöspäin, valtaa kaupungin kadut ja viemärit. Äänet täyttävät pään. Pukeudut punaiseen vaikka tiedät ettei se ole sallittua. Olet ainoa, joka täällä liikkuu: pysäytä liike! Hyppäät metron silmille. Se antaa samalla mitalla takaisin, lähtee liikkeelle. Ovet sulkeutuvat edessäsi. Jäät kuin nalli Kallioon. Kaikki laitetaan karsastusvikasi syyksi.

Mene meren ääreen, nosta silmille simpukan väri

Mene meren ääreen,
nosta silmille simpukan väri.

Tee tuulelle pesä rantaan,
hengitä hiljaisuus.

Näe auringon nouseva käsi,
ammu taivaanrakoon kaartuva varis.

Kuuntele ulapan korvan kuiskausta
punaiseksi himmenevällä taivaalla.

MYRSKYHERÄTYS

Tämä on kaikki mitä saat,
myrskyherätys ravintolan kannella,
olet hukannut ilmansuunnat.

Kaikki enemmän tai vähemmän piilossa,
aika, paikka, maantieto,
kapakka ainoa pysyvä rasti.

Kaikki mitä saat
päivä hiipii kohti yön koloa
häntä koipien välissä.

Baarimikon hikiset kädet niskassa
kannattelet taivaan luomia
mietit illan kulkuja.

Sitruunaperhonen lensi ikkunasta sisään
kun ketään vähiten odotit

seit ich ihn gesehen, glaub' ich blind zu sein

itku oli porannut syviä reikiä minuihin
ne riippuivat oksilta alaspäin kuin päättömät nuket

itse itseäsi tuu'ittelit, uneen syvään matalaan

keltainen avasi silmät yhteen juuttuneet,
en luullut pääseväni yli tämän aidan

itse itseäsi tuu'ittelit syvään matalaan

mykkävaris, kylmänlintu
kuunteli totuudenpuhujaa, vatsastanaurattajaa

MYKKÄELOKUVA

Pää naksuu saranoillaan.

Kuinka kauniisti se istuu.

Raitiovaunussa seinät kuuntelevat,
ikkunat eivät päästä katsetta läpi.

Kuinka koskaan pääset perille.
Kuinka voit päästä perille.

Pää naksuu saranoillaan.

Mitä me täällä toimitamme?
    Velallinen maksaa velkojilleen,
asiakas kassalle, kenkiään ei koskaan saa ilmaiseksi
askellamme arkipäiväisiä askareita
    jokainen toteuttaa olemassaoloaan mitä
erilaisimmin tavoin, myös autot ja esineet

aikataulutamme suuria kokonaisuuksia, elämämme
    etsimme esineiden tarkoitusta, jonka itse päätämme
lainsuojattomat normikirjan verkostoissa
rikkovat liikennesääntöjä kaikin sallituin keinoin
kun väärä valuutta jyllää, ei malkaa silmässä havaitse
    velka on suuri ja kasvaa koko ajan
kehitysmaiden velka on meidän velkaamme,
        kehittyneiden ihmisten lainanlyhennystä
Vaadimme laajempia valikoimia lähikauppoihin!

Näennäisiä asioita.

KOHMELO

Uni on pehmeä tyyny
johon painat raskaan kupolin.

Terävät sapelikivet kirskuvat
hermojen raiteilla.

Hiersit rikki ilon kiven,
joit maljan pohjaan asti.

Tie korskuu, pää tirskuu,
iloinen sampanja.

verho revähtää
päivä
paljastaa autioituneen

kellun

valun tyhjiin

seinät astuvat lähemmäs

pinnan kovuuden
puristuksissa

kauas tälleenjätetty

viillokas kevät
kevyt aro
matkalla jonnekin

puiden silmut aukeavat, silmät ihmeen kaupalla
valosta valoon, huoneesta toiseen ohuen langan varassa

luotisuoraa reittiä

ruumis muuttuu kodiksi

Hämärän laskeuduttua peitoksi talojen ylle pöllöt lentävät katujen kanjoniin ja alkavat huhuilla äänellä, joka rikkoo ikkunalasit, kellojen viisarit, ohuen elämänlangan. Särö etenee sydämestä toiseen ja aiheuttaa outoa levottomuutta. Linnut ja oravat nousevat esiin piiloistaan ja tukkivat kadut, jotka hehkuvat lamppujen loisteessa. Näillä teillä asuu outo suruton kulkija. Rauhaisten sumuisten kattojen varjossa itkee itsensä uneen. Se jatkuu tuhat ja taas tuhat vuotta. Uudestaan ja uudestaan kadut täyttyvät linnuista ja oravista, jotka tunkeutuvat rauhaan. Päivisin siloittelee raudoitetut unet katukiveysten reunoihin, kengittää tien. Uneton kulkija löytää itsensä metsän siimeksestä, lehmusten varjokas.

Merenkulkuoppilaitoksen masto makaa kaupungin yllä:
Vi lever på havet.
Täällä soljuu päivä,
keskeytymätön kone.

Koti asuu sisällä.

Onni on ankara vasara joka takoo meitä junatasanteen katukiviä
kuin valomainokset vailla kiinnekohtaa loistamme
rakennusten seinustoilla, putoamme ohikulkijoiden tallattaviksi,
rikkaruohot tukahduttavat juuret
elonhippunen, saappaan murskattava tasaus

kukkienkasvattaja on kuollut, uneksin viilentävästä tuulesta kasvoilla, öiden saumatusta
jatkumosta, meren kaivoon suhahtaa auringon kuula, aika kuluttaa minua

KUUTAMORISTEILY

Tie valoon vie poikki mustahohtoisen järven, mutta se ei meitä kiinnosta. Nautimme drinkkimme kuivina kuten etiketin ainakin. Kävelemme laivoihin jononmukaisissa muodostelmissa, oppineet. Ennen kaikkea sanomme, vaikka tarkoitamme muuta. Järven lävistävä juova muistuttaa jostakin alkukantaisemmasta ja paljon väkivaltaisemmasta. Terävä veitsi on ajatukseni joka lävistää tämän veden. Kannella olen turvassa kaikelta mikä saattaa tunkeutua sisälle. Laivassa istujat tähyilevät rannallaolijoita, mutta kummatkaan eivät kohtaa toisiaan. Vaikka koskaan en risteile yksin, miksi aina tuntuu siltä. Miksi aina risteilen joukossa, yksin purjehtiminen ei ole muodikasta? Ilta on kaunis, mutta eivätkö illat aina.

Mikä tässä hetkessä on joka katoaa lentää pois.

Loppusanat

Rita Gustava Pullin kahdeksas runokokoelma "Koti asuu sisällä" on kielellisesti rikas sekä älyllisesti haastava teos, jossa on intensiteettiä ja liikettä. Sitä ilmaistaan paikoittain myös typografisesti osuvalla tavalla. Lukija pääsee jo ensimmäisillä sivuilla mukaan matkustamaan runoilijan hyvin moniulotteisiin mielenmaisemiin. Runot ei suinkaan kerro vaan itseriittoisen, naiivin "minän" ahaa-elämyksistä, (mikä on nykyrunoudessa hyvin tavallista!), vaan pohjautuvat runoilijan laajaan lukukokemukseen sekä eri kulttuureissa elämiseen ja matkustamiseen kokemukseen, filosofiseen maailmankatsomukseen, avarakatseisuuteen ja sivistykseen.

Kokoelmaa voi lukea myös yhtenä pitkänä runoelmana, jopa pienenä henkilökohtaisena elämänhistoriana. "Koti, joka asu sisällä" onkin kaikkien henkisten opetusten perusidea; todellista sisäistä rauhaa ja mielen kodintunnetta ei löydä mistään näennäisestä tai pinnallisesta; kodintunnetta ei voi löytää ulkoisesta maailmasta – se täytyy jokaisen rakentaa itse.

Teksteistä ponnahtavat vahvasti esiin muistin ja identiteetin kysymykset: "Minä synnyin routaiseen maahan, outo kalalaji, kaikki ihmettelivät kun kasvatin suomuista itselleni siivet, lähdin luvatta lentoon. Olin aurinkoni, kaikkivoipainen, syntyneen linnunradan sisällys. Outo kalalintu, ei löytynyt kirjoista." Edellä on osuvasti sanoitettu tietynlainen kodittomuus, paikattomuus, älykön tai neron sopimattomuus ympäristöön ja siitä johtuva oman, paremman maailman ("kodin joka asuu sisällä") rakentamisen tarve toisen, huomattavasti pinnallisemman ja kyseenalaisilla arvoilla toimivan maailman sisälle.

Se rakennustyö tehdään tässä kohtaa muistin ja aivan kuin pienten runomuotoisten "valaistusten" avulla.

Tämän täydellisen mielenkodin rakentaminen, joka tarjoaa turvaa, toivoa ja transformaation mahdollisuutta myös lukijoille, on raskas ja kiittämätön työ, mutta juuri sellaista omistautumista me hyvältä runoilijalta ja laaturunoudelta odotamme.

Elo Viiding, virolainen kirjailija, runoilija, esseisti ja kääntäjä, joka on kääntänyt Pullin (ent. Dahl) runovalikoiman Aja süda (EKSA/Ninniku) viroksi

Tallinnassa 25.2.2025

Kommentti Elo Viidingin loppusanoihin

Ketkä kaikki voivat tuntea kodittomuuden tai paikattomuuden tunnetta? Uskon, että kyse voi olla "kollektiivisesta keskeistunteesta", jota kuka tahansa voi aika ajoin potea. Pienemmässä tai suuremmassa määrin. Runoelmani tai runoni – voit lukea näitä kuinka vain haluat – haluavat irtaantua paitsi yhdestä kokevasta keskeislyyrisestä minästä ja hajaannuttaa kokemuksen lukemattomien minujen kollektiivisiksi keskeistunteiksi, mutta myös yhdestä keskeisestä tapahtumapaikasta ja paikkakeskeisyydestä.

Runoelma tapahtuu pikemminkin limittäin ja lomittain kaupunki- ja luontoympäristöissä, jotka ovat ajoin hyvinkin konkreettisia ja paikannettavissa, toisinaan abstrakteja "yleisympäristöjä".

Kodittomuuden tunne syntyy ennen kaikkea eksistentiaalisesta outouden kokemuksesta. Mistä outouden kokemus puolestaan syntyy? Usein tavallisen ihmisen silmissä käsittämättömän ihmisen voi toiseuttaa leimaamalla hänet ("autisti", "hullu", "käsittämätön", leimoja on lukemattomia) tai jollakin muulla toiseuttavalla leimalla. Tämä kollektiivinen toiseuttamisen logiikka jatkaa sitä arkealogis-genealogisen diskursiivisen vallan voittokulkua, jota Michel Foucault kuvasi vaikka perhemurhaaja Pierre Rivièren ja hermafrodiitti Herculinen Barbinin tapauksissa. Esimerkiksi Rivièren tapauksessa sekä kyläläiset että oikeuden tuomarit puhuivat diskursiivisesti yllättävän samansuuntaisesti "kollektiiviseksi toiseksi" leimatusta henkilöstä.

Jokin, mikä on täysin käsittämätöntä (kylä)kollektiivin silmissä, on parempi torjua kokonaan. Sekä ylä- että alastatuksen omaavat henkilöt ovat hyvin yksituumaisia tavassaan leimata toiseksi ajateltu, outo. Jotakin tästäkin toiseutetuksi tulemisen kollektiivisesta yleistunteestakin runoelmani yrittää sanoa. Toisaalta outouden tunne syntyy myös ajassa, jota ei tunne omakseen, kuten Elo hyvin kiteyttää.

Elon luonnehdinta "mielenkodista" on mainio. Mielenkoti on edellytys mielenrauhalle, sisäiselle transformaatiolle ja toiseuttamisen illusorisista logiikoista vapautumiselle, omilla horjuvilla subjektin jaloilla seisomiselle. Runoelma huojuu mielen- ja tunnetiloista toiseen, ulkois-sisäisten kaaosten kautta kohti rauhan poukamia. Keskeistä on kuunteleminen, mutta myös kuunnelluksi tuleminen. Oman perheensä voi myös löytää muualta kuin varsinaisesta perheestään. Tätä(kin) on kokoelman avarakatseisuus. Joidenkin osana on ikuinen nomadius, matkalla oleminen.

Rita Gustava Pulli
Vantaalla 25.2.2025

Riel